大方廣佛華嚴經 寫經

⑨

🪷 일러두기

1. 『사경본 한글역 대방광불화엄경』은 『독송본 한문·한글역 대방광불화엄경』에 수록된 한글역을 사경하는 데 편의를 도모하기 위해 편집을 달리하여 간행한 것이다.

2. 『독송본 한문·한글역 대방광불화엄경』은 실차난타가 한역(695~699)한 80권 『대방광불화엄경』의 한문 원문과 한글역을 함께 수록한 것이다. 한문 저본은 고종 2년(1865) 월정사에서 인경한 고려대장경 『대방광불화엄경』이다.

3. 한글 번역은 동국역경원에서 발간한 한글 『대방광불화엄경』(운허)을 중심으로 하고 『신화엄경합론』(탄허)과 『대방광불화엄경 강설』(여천무비) 그리고 최근의 여타 번역본 등을 참조하였다.

4. 한글 번역은 독송과 사경을 위하여 정확성과 아울러 가독성을 고려하였다. 극존칭은 부처님과 불경계에 대해서만 사용하였다.

5. 사경본의 차례는 일러두기 → 한글역 본문 → 화엄경 목차 → 간행사이며 80권 『대방광불화엄경』의 권별 목차 순으로 독송본과 함께 간행한다. (법공양판에는 간행사 다음에 간행불사 동참자를 밝혀두었다.)

사경본 한글역
대방광불화엄경 제9권

5. 화장세계품 [2]

수미해주

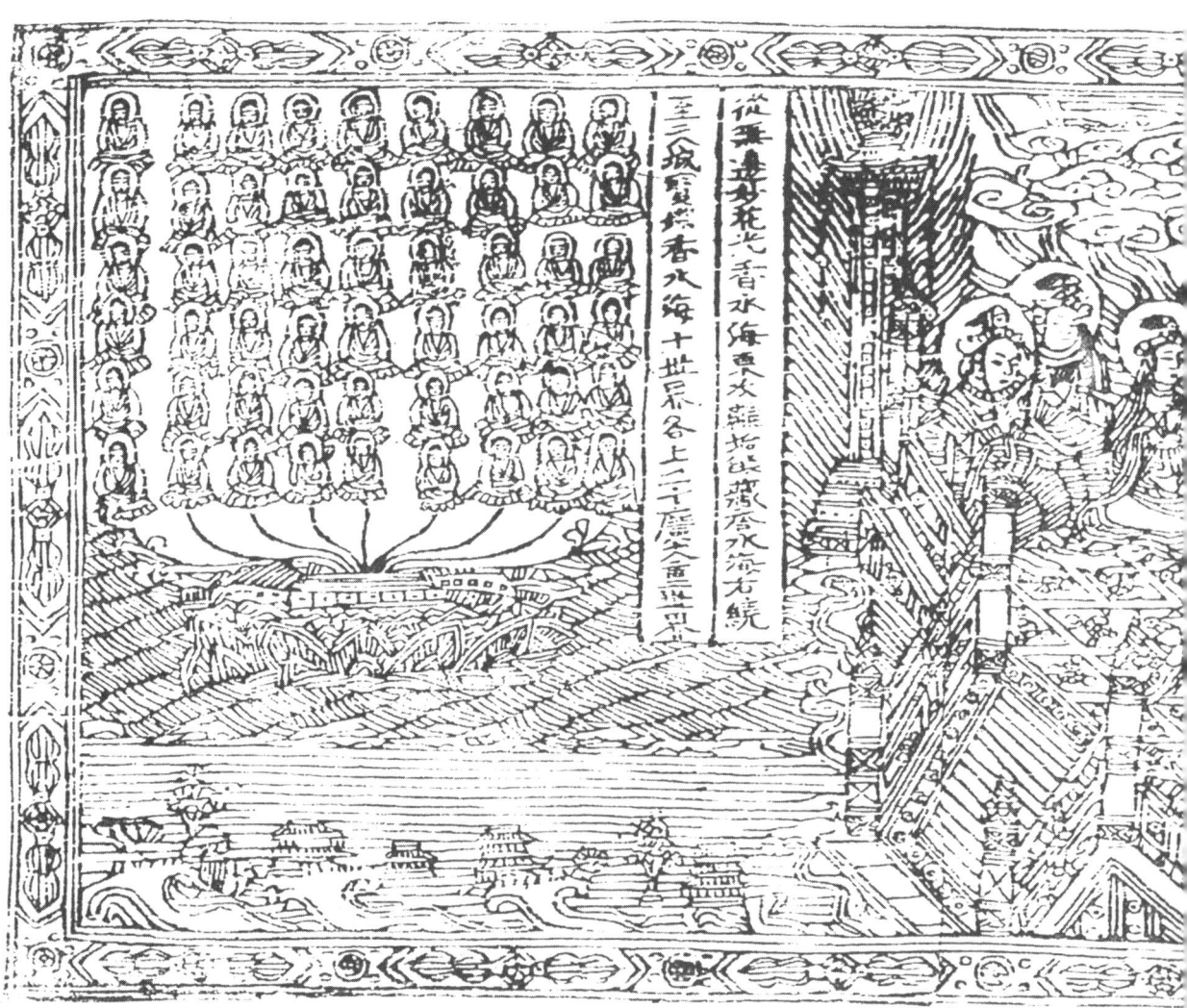

대방광불화엄경 제9권 변상도

_____ 은(는) 『대방광불화엄경』을
사경하는 인연공덕으로
『화엄경』이 널리 유통되고
우리 모두 다함께 보리 이루기를 발원하옵니다.

대방광불화엄경
제9권

5. 화장세계품 [2]

그 때에 보현보살이 또 대중들에게 말씀하였다.

"모든 불자들이여, 이 무변묘화광 향수해의 동쪽에 다음 향수해가 있으니 이름이 이구염장이다.

큰 연꽃이 피어났으니 이름이 일체향마니왕묘장엄이며, 세계종이 있어서 그 위에 머무르니 이름은 변조찰선이며, 보살행의 사자후 음성으로 체성이 되었다.

이 가운데 가장 아래쪽에 세계가 있으니 이름이 궁전장엄당이다. 그 형상은 네모이고, 일체 보배 장엄바다를 의지하여 머무르며, 연꽃 광명 그물구름이 그 위를 가득 덮었다.

부처님 세계 미진수의 세계가 둘러

싸서 순일하게 청정하며, 부처님 명호는 미간광변조이시다.

 이 위에 부처님 세계 미진수의 세계를 지나서 세계가 있으니 이름이 덕화장이다. 그 형상은 두루 둥글고, 일체 보배 꽃술바다를 의지하여 머무르며, 진주 깃대 사자좌구름이 그 위를 가득 덮었다.

 두 부처님 세계 미진수의 세계가 둘러쌌으며, 부처님 명호는 일체무변법해혜이시다.

이 위에 부처님 세계 미진수의 세계를 지나서 세계가 있으니 이름이 선변화묘향륜이다. 형상은 금강과 같고, 일체 보배로 장엄한 방울 그물바다를 의지하여 머무르며, 갖가지로 장엄한 둥근 광명구름이 그 위를 가득 덮었다.

세 부처님 세계 미진수의 세계가 둘러쌌으며, 부처님 명호는 공덕상광명보조이시다.

이 위에 부처님 세계 미진수의 세

계를 지나서 세계가 있으니 이름이 묘색광명이다. 그 형상은 마치 마니 보배 바퀴와 같고, 가없는 색의 보배 향수바다를 의지하여 머무르며, 넓은 광명 진주 누각구름이 그 위를 가득 덮었다.

　네 부처님 세계 미진수의 세계가 둘러싸서 순일하게 청정하며, 부처님 명호는 선권속출흥변조이시다.

　이 위에 부처님 세계 미진수의 세계를 지나서 세계가 있으니 이름이

선개부이다. 형상은 연꽃과 같고, 금강 향수바다를 의지하여 머무르며, 티끌을 여읜 광명 향수구름이 그 위를 가득 덮었다.

　다섯 부처님 세계 미진수의 세계가 둘러쌌으며, 부처님 명호는 법희무진혜이시다.

　이 위에 부처님 세계 미진수의 세계를 지나서 세계가 있으니 이름이 시리화광륜이다. 그 형상은 세모이고, 일체 견고한 보배로 장엄한 바다를 의지하여 머무르며, 보살의 마니관 광명구름이 그 위를 가득 덮었다.

 여섯 부처님 세계 미진수의 세계가 둘러쌌으며, 부처님 명호는 청정보광명이시다.

 이 위에 부처님 세계 미진수의 세계를 지나서 세계가 있으니 이름이 보련화장엄이다. 형상은 반달과 같고, 일체 연꽃으로 장엄한 바다를 의지하여 머무르며, 일체 보배 꽃구름이 그 위를 가득 덮었다.

일곱 부처님 세계 미진수의 세계가 둘러싸서 순일하게 청정하며, 부처님 명호는 공덕화청정안이시다.

이 위에 부처님 세계 미진수의 세계를 지나서 세계가 있으니 이름이 무구염장엄이다. 그 형상은 마치 보배등이 늘어선 것과 같고, 보배 불꽃 창고바다를 의지하여 머무르며, 향수를 항상 비 내리는 갖가지 몸구름이 그 위를 가득 덮었다.

여덟 부처님 세계 미진수의 세계가

둘러쌌으며, 부처님 명호는 혜력무능승이시다.

　이 위에 부처님 세계 미진수의 세계를 지나서 세계가 있으니 이름이 묘법음이다. 형상은 만(卍) 자와 같고, 보배 옷 깃대바다를 의지하여 머무르며, 일체 꽃으로 장엄한 휘장구름이 그 위를 가득 덮었다.

　아홉 부처님 세계 미진수의 세계가 둘러쌌으며, 부처님 명호는 광대목여공중정월이시다.

이 위에 부처님 세계 미진수의 세계를 지나서 세계가 있으니 이름이 미진수음성이다. 그 형상은 마치 인다라 그물과 같고, 일체 보배 물바다를 의지하여 머무르며, 일체 음악 보배 일산구름이 그 위를 가득 덮었다. 열 부처님 세계 미진수의 세계가 둘러싸서 순일하게 청정하며, 부처님 명호는 금색수미등이시다.

이 위에 부처님 세계 미진수의 세계를 지나서 세계가 있으니 이름이

보색장엄이다. 형상은 만(卍) 자와 같고, 제석 형상의 보배왕바다를 의지하여 머무르며, 햇빛광명 꽃구름이 그 위를 가득 덮었다.

열한 부처님 세계 미진수의 세계가 둘러쌌으며, 부처님 명호는 형조법계광명지이시다.

이 위에 부처님 세계 미진수의 세계를 지나서 세계가 있으니 이름이 금색묘광이다. 그 형상은 마치 광대한 성곽과 같고, 일체 보배로 장엄한 바다를 의지하여 머무르며, 도량 보배 꽃구름이 그 위를 가득 덮었다.

열두 부처님 세계 미진수의 세계가 둘러쌌으며, 부처님 명호는 보등보조당이시다.

이 위에 부처님 세계 미진수의 세계를 지나서 세계가 있으니 이름이 변조광명륜이다. 형상은 꽃을 둘러놓은 것 같고, 보배 옷을 둘러놓은 바다를 의지하여 머무르며, 부처님 음성 보배왕 누각구름이 그 위를 가득 덮었다.

　열세 부처님 세계 미진수의 세계가 둘러싸서 순일하게 청정하며, 부처님 명호는 연화염변조이시다.

　이 위에 부처님 세계 미진수의 세계를 지나서 세계가 있으니 이름이 보장장엄이다. 형상은 사주세계와 같고, 보배 영락 수미산을 의지하여 머무르며, 보배 불꽃 마니구름이 그 위를 가득 덮었다.

　열네 부처님 세계 미진수의 세계가

둘러쌌으며, 부처님 명호는 무진복개부화이시다.

이 위에 부처님 세계 미진수의 세계를 지나서 세계가 있으니 이름이 여경상보현이다. 그 형상은 마치 아수라 몸과 같고, 금강 연꽃바다를 의지하여 머무르며, 보배관 그림자구름이 그 위를 가득 덮었다.

열다섯 부처님 세계 미진수의 세계가 둘러쌌으며, 부처님 명호는 감로음이시다.

이 위에 부처님 세계 미진수의 세계를 지나서 세계가 있으니 이름이 전단월이다. 그 형상은 팔모이고, 금강 전단 보배바다를 의지하여 머무르며, 진주꽃 마니구름이 그 위를 가득 덮었다.

열여섯 부처님 세계 미진수의 세계가 둘러싸서 순일하게 청정하며, 부처님 명호는 최승법무등지이시다.

이 위에 부처님 세계 미진수의 세계를 지나서 세계가 있으니 이름이

이구광명이다. 그 형상은 마치 향수가 소용돌이쳐 흐르는 것과 같고, 가없는 빛 보배 광명바다를 의지하여 머무르며, 묘한 향 광명구름이 그 위를 가득 덮었다.

열일곱 부처님 세계 미진수의 세계가 둘러쌌으며, 부처님 명호는 변조허공광명음이시다.

이 위에 부처님 세계 미진수의 세계를 지나서 세계가 있으니 이름이 묘화장엄이다. 그 형상은 마치 빙빙

도는 형상과 같고, 일체 꽃바다를 의지하여 머무르며, 일체 음악 마니구름이 그 위를 가득 덮었다.

열여덟 부처님 세계 미진수의 세계가 둘러쌌으며, 부처님 명호는 보현승광명이시다.

이 위에 부처님 세계 미진수의 세계를 지나서 세계가 있으니 이름이 승음장엄이다. 그 형상은 마치 사자좌와 같고, 금사자좌바다를 의지하여 머무르며, 온갖 색의 연화장 사자좌구름이 그 위를 가득 덮었다.
　열아홉 부처님 세계 미진수의 세계가 둘러쌌으며, 부처님 명호는 무변공덕칭보광명이시다.

　이 위에 부처님 세계 미진수의 세계를 지나서 세계가 있으니 이름이 고승등이다. 형상은 부처님 손바닥과 같고, 보배 의복 향 깃대바다를 의지하여 머무르며, 태양이 널리 비치는 보배왕 누각구름이 그 위를 가득 덮었다.

스무 부처님 세계 미진수의 세계가 둘러싸서 순일하게 청정하며, 부처님 명호는 보조허공등이시다.

모든 불자들이여, 이 이구염장 향수해 남쪽에 다음 향수해가 있으니 이름이 무진광명륜이다.

세계종은 이름이 불당장엄이며, 일체 부처님 공덕바다 음성으로 체성이 되었다.

이 가운데 가장 아래쪽에 세계가 있으니 이름이 애견화이다. 형상은 보배바퀴와 같고, 마니나무 창고 보배왕바다를 의지하여 머무르며, 보살의 형상을 화현하는 보배 창고구름이 그 위를 가득 덮었다.

부처님 세계 미진수의 세계가 둘러싸서 순일하게 청정하며, 부처님 명호는 연화광환희면이시다.

이 위에 부처님 세계 미진수의 세계를 지나서 세계가 있으니 이름이

묘음이고, 부처님 명호는 수미보등이시다.

이 위에 부처님 세계 미진수의 세계를 지나서 세계가 있으니 이름이 중보장엄광이고, 부처님 명호는 법계음성당이시다.

이 위에 부처님 세계 미진수의 세계를 지나서 세계가 있으니 이름이 향장금강이고, 부처님 명호는 광명음이시다.

이 위에 부처님 세계 미진수의 세계를 지나서 세계가 있으니 이름이

정묘음이고, 부처님 명호는 최승정진력이시다.

이 위에 부처님 세계 미진수의 세계를 지나서 세계가 있으니 이름이 보련화장엄이고, 부처님 명호는 법성운뢰음이시다.

이 위에 부처님 세계 미진수의 세계를 지나서 세계가 있으니 이름이 여안락이고, 부처님 명호는 대명칭지혜등이시다.

이 위에 부처님 세계 미진수의 세계를 지나서 세계가 있으니 이름이

무구망이고, 부처님 명호는 사자광 공덕해이시다.

　이 위에 부처님 세계 미진수의 세계를 지나서 세계가 있으니 이름이 화림당변조이고, 부처님 명호는 대지연화광이시다.

　이 위에 부처님 세계 미진수의 세계를 지나서 세계가 있으니 이름이 무량장엄이고, 부처님 명호는 보안법계당이시다.

　이 위에 부처님 세계 미진수의 세계를 지나서 세계가 있으니 이름이

보광보장엄이고, 부처님 명호는 승지대상주이시다.

이 위에 부처님 세계 미진수의 세계를 지나서 세계가 있으니 이름이 화왕이고, 부처님 명호는 월광당이시다.

이 위에 부처님 세계 미진수의 세계를 지나서 세계가 있으니 이름이 이구장이고, 부처님 명호는 청정각이시다.

이 위에 부처님 세계 미진수의 세계를 지나서 세계가 있으니 이름이

보광명이고, 부처님 명호는 일체지허공등이시다.

　이 위에 부처님 세계 미진수의 세계를 지나서 세계가 있으니 이름이 출생보영락이고, 부처님 명호는 제도복해상광명이시다.

　이 위에 부처님 세계 미진수의 세계를 지나서 세계가 있으니 이름이 묘륜변부이고, 부처님 명호는 조복일체염착심영환희이시다.

　이 위에 부처님 세계 미진수의 세계를 지나서 세계가 있으니 이름이

보화당이고, 부처님 명호는 광박공덕음대명칭이시다.

이 위에 부처님 세계 미진수의 세계를 지나서 세계가 있으니 이름이 무량장엄이고, 부처님 명호는 평등지광명공덕해이시다.

이 위에 부처님 세계 미진수의 세계를 지나서 세계가 있으니 이름이 무진광장엄당이다. 형상은 연꽃과 같고, 일체 보배 그물바다를 의지하여 머무르며, 연꽃 광명 마니그물이 그 위를 가득 덮었다.

　스무 부처님 세계 미진수의 세계가 둘러싸서 순일하게 청정하며, 부처님 명호는 법계정광명이시다.

　모든 불자들이여, 이 무진광명륜 향수해를 오른쪽으로 돌아서 다음 향수해가 있으니 이름이 금강보염광이다.

　세계종은 이름이 불광장엄장이며 일체 여래의 명호를 설하는 음성으로 체성이 되었다.

 이 가운데 가장 아래쪽에 세계가 있으니 이름이 보염연화이다. 그 형상은 마치 마니빛 미간 백호상과 같고, 일체 보배빛 물이 소용돌이치는 바다를 의지하여 머무르며, 일체 장엄한 누각 구름이 그 위를 가득 덮었다.

 부처님 세계 미진수의 세계가 둘러싸서 순일하게 청정하며, 부처님 명호는 무구보광명이시다.

이 위에 부처님 세계 미진수의 세계를 지나서 세계가 있으니 이름이 광염장이고, 부처님 명호는 무애자재지혜광이시다.

이 위에 부처님 세계 미진수의 세계를 지나서 세계가 있으니 이름이 보륜묘장엄이고, 부처님 명호는 일체보광명이시다.

이 위에 부처님 세계 미진수의 세계를 지나서 세계가 있으니 이름이 전단수화당이고, 부처님 명호는 청정지광명이시다.

이 위에 부처님 세계 미진수의 세계를 지나서 세계가 있으니 이름이 불찰묘장엄이고, 부처님 명호는 광대환희음이시다.

이 위에 부처님 세계 미진수의 세계를 지나서 세계가 있으니 이름이 묘광장엄이고, 부처님 명호는 법계자재지이시다.

이 위에 부처님 세계 미진수의 세계를 지나서 세계가 있으니 이름이 무변상이고, 부처님 명호는 무애지이시다.

이 위에 부처님 세계 미진수의 세계를 지나서 세계가 있으니 이름이 염운당이고, 부처님 명호는 연설불퇴륜이시다.

이 위에 부처님 세계 미진수의 세계를 지나서 세계가 있으니 이름이 중보장엄청정륜이고, 부처님 명호는 이구화광명이시다.

이 위에 부처님 세계 미진수의 세계를 지나서 세계가 있으니 이름이 광대출리이고, 부처님 명호는 무애지일안이시다.

이 위에 부처님 세계 미진수의 세계를 지나서 세계가 있으니 이름이 묘장엄금강좌이고, 부처님 명호는 법계지대광명이시다.

이 위에 부처님 세계 미진수의 세계를 지나서 세계가 있으니 이름이 지혜보장엄이고, 부처님 명호는 지거광명왕이시다.

이 위에 부처님 세계 미진수의 세계를 지나서 세계가 있으니 이름이 연화지심묘음이고, 부처님 명호는 일체지보조이시다.

이 위에 부처님 세계 미진수의 세계를 지나서 세계가 있으니 이름이 종종색광명이고, 부처님 명호는 보광화왕운이시다.

이 위에 부처님 세계 미진수의 세계를 지나서 세계가 있으니 이름이 묘보당이고, 부처님 명호는 공덕광이시다.

이 위에 부처님 세계 미진수의 세계를 지나서 세계가 있으니 이름이 마니화호상광이고, 부처님 명호는 보음운이시다.

이 위에 부처님 세계 미진수의 세계를 지나서 세계가 있으니 이름이 심심해이고, 부처님 명호는 시방중생주이시다.

이 위에 부처님 세계 미진수의 세계를 지나서 세계가 있으니 이름이 수미광이고, 부처님 명호는 법계보지음이시다.

이 위에 부처님 세계 미진수의 세계를 지나서 세계가 있으니 이름이 금련화이고, 부처님 명호는 복덕장보광명이시다.

이 위에 부처님 세계 미진수의 세계를 지나서 세계가 있으니 이름이 보장엄장이다. 형상은 만(卍) 자와 같고, 일체 향마니로 장엄한 나무바다를 의지하여 머무르며, 청정한 광명구름이 그 위를 가득 덮었다.

스무 부처님 세계 미진수의 세계가 들러싸서 순일하게 청정하며, 부처님 명호는 대변화광명망이시다.

모든 불자들이여, 이 금강보염향수

해를 오른쪽으로 돌아서 다음 향수해가 있으니 이름이 제청보장엄이다.

세계종은 이름이 광조시방이며, 일체 묘하게 장엄한 연꽃 향기구름을 의지하여 머무르며, 가없는 부처님 음성으로 체성이 되었다.

여기에서 가장 아래쪽에 세계가 있으니 이름이 시방무진색장륜이다. 그 형상이 두루 돌아 한량없는 각이 있으며, 가없는 색의 일체 보배 창고 바다를 의지하여 머무르며, 인다라

그물이 그 위를 덮었다.

부처님 세계 미진수의 세계가 둘러싸서 순일하게 청정하며, 부처님 명호는 연화안광명변조이시다.

이 위에 부처님 세계 미진수의 세계를 지나서 세계가 있으니 이름이 정묘장엄장이고, 부처님 명호는 무상혜대사자이시다.

이 위에 부처님 세계 미진수의 세계를 지나서 세계가 있으니 이름이 출현연화좌이고, 부처님 명호는 변조법계광명왕이시다.

　이 위에 부처님 세계 미진수의 세계를 지나서 세계가 있으니 이름이 보당음이고, 부처님 명호는 대공덕보명칭이시다.

　이 위에 부처님 세계 미진수의 세계를 지나서 세계가 있으니 이름이 금강보장엄장이고, 부처님 명호는 연화일광명이시다.

　이 위에 부처님 세계 미진수의 세계를 지나서 세계가 있으니 이름이 인다라화월이고, 부처님 명호는 법자재지혜당이시다.

이 위에 부처님 세계 미진수의 세계를 지나서 세계가 있으니 이름이 묘륜장이고, 부처님 명호는 대희청정음이시다.

이 위에 부처님 세계 미진수의 세계를 지나서 세계가 있으니 이름이 묘음장이고, 부처님 명호는 대력선상주이시다.

이 위에 부처님 세계 미진수의 세계를 지나서 세계가 있으니 이름이 청정월이고, 부처님 명호는 수미광지

혜력이시다.

　이 위에 부처님 세계 미진수의 세계를 지나서 세계가 있으니 이름이 무변장엄상이고, 부처님 명호는 방편원정월광이시다.

　이 위에 부처님 세계 미진수의 세계를 지나서 세계가 있으니 이름이 묘화음이고, 부처님 명호는 법해대원음이시다.

　이 위에 부처님 세계 미진수의 세계를 지나서 세계가 있으니 이름이 일체보장엄이고, 부처님 명호는 공덕보광명상이시다.

　이 위에 부처님 세계 미진수의 세계를 지나서 세계가 있으니 이름이 견고지이고, 부처님 명호는 미음최승천이시다.

　이 위에 부처님 세계 미진수의 세계를 지나서 세계가 있으니 이름이 보광선화이고, 부처님 명호는 대정진적정혜이시다.

　이 위에 부처님 세계 미진수의 세계를 지나서 세계가 있으니 이름이 선수호장엄행이고, 부처님 명호는 견

자생환희이시다.

　이 위에 부처님 세계 미진수의 세계를 지나서 세계가 있으니 이름이 전단보화장이고, 부처님 명호는 심심불가동지혜광변조이시다.

　이 위에 부처님 세계 미진수의 세계를 지나서 세계가 있으니 이름이 현종종색상해이고, 부처님 명호는 보방부사의승의왕광명이시다.

　이 위에 부처님 세계 미진수의 세계를 지나서 세계가 있으니 이름이 화현시방대광명이고, 부처님 명호는 승공덕위광무여등이시다.

　이 위에 부처님 세계 미진수의 세계를 지나서 세계가 있으니 이름이 수미운당이고, 부처님 명호는 극정광명안이시다.

　이 위에 부처님 세계 미진수의 세계를 지나서 세계가 있으니 이름이 연화변조이다. 그 형상은 두루 둥글고, 가없는 색과 온갖 묘한 향 마니 바다를 의지하여 머무르며, 일체 수레 장엄구름이 그 위를 가득 덮었다.

스무 부처님 세계 미진수의 세계가 둘러싸서 순일하게 청정하며, 부처님 명호는 해탈정진일이시다.

모든 불자들이여, 이 제청보장엄 향수해를 오른쪽으로 돌아서 다음 향수해가 있으니 이름이 금강륜장엄저이다.

세계종은 이름이 묘보간착인다라망이며, 보현의 지혜에서 나오는 음성으로 체성이 되었다.

이 가운데 가장 아래쪽에 세계가 있으니 이름이 연화망이다. 그 형상은 마치 수미산 형상과 같고, 온갖 묘한 꽃 산 깃대바다를 의지하여 머무르며, 부처님 경계 마니왕 제석천 그물구름이 그 위를 덮었다.

부처님 세계 미진수의 세계가 둘러싸서 순일하게 청정하며, 부처님 명호는 법신보각혜이시다.

이 위에 부처님 세계 미진수의 세계를 지나서 세계가 있으니 이름이

무진일광명이고, 부처님 명호는 최승대각혜이시다.

　이 위에 부처님 세계 미진수의 세계를 지나서 세계가 있으니 이름이 보방묘광명이고, 부처님 명호는 대복운무진력이시다.

　이 위에 부처님 세계 미진수의 세계를 지나서 세계가 있으니 이름이 수화당이고, 부처님 명호는 무변지법계음이시다.

　이 위에 부처님 세계 미진수의 세계를 지나서 세계가 있으니 이름이

진주개이고, 부처님 명호는 바라밀사자빈신이시다.

이 위에 부처님 세계 미진수의 세계를 지나서 세계가 있으니 이름이 무변음이고, 부처님 명호는 일체지묘각혜이시다.

이 위에 부처님 세계 미진수의 세계를 지나서 세계가 있으니 이름이 보견수봉이고, 부처님 명호는 보현중생전이시다.

이 위에 부처님 세계 미진수의 세계를 지나서 세계가 있으니 이름이

사자제망광이고, 부처님 명호는 무구일금색광염운이시다.

이 위에 부처님 세계 미진수의 세계를 지나서 세계가 있으니 이름이 중보간착이고, 부처님 명호는 제당최승혜이시다.

이 위에 부처님 세계 미진수의 세계를 지나서 세계가 있으니 이름이 무구광명지이고, 부처님 명호는 일체력청정월이시다.

이 위에 부처님 세계 미진수의 세계를 지나서 세계가 있으니 이름이

항출탄불공덕음이고, 부처님 명호는 여허공보각혜이시다.

이 위에 부처님 세계 미진수의 세계를 지나서 세계가 있으니 이름이 고염장이고, 부처님 명호는 화현시방대운당이시다.

이 위에 부처님 세계 미진수의 세계를 지나서 세계가 있으니 이름이 광엄도량이고, 부처님 명호는 무등지변조이시다.

이 위에 부처님 세계 미진수의 세계를 지나서 세계가 있으니 이름이

출생일체보장엄이고, 부처님 명호는 광도중생신통왕이시다.

　이 위에 부처님 세계 미진수의 세계를 지나서 세계가 있으니 이름이 광엄묘궁전이고, 부처님 명호는 일체의성광대혜이시다.

　이 위에 부처님 세계 미진수의 세계를 지나서 세계가 있으니 이름이 이진적정이고, 부처님 명호는 부당현이시다.

　이 위에 부처님 세계 미진수의 세계를 지나서 세계가 있으니 이름이

마니화당이고, 부처님 명호는 열의 길상음이시다.

　이 위에 부처님 세계 미진수의 세계를 지나서 세계가 있으니 이름이 보운장이다. 그 형상은 마치 누각 형상과 같고, 갖가지 궁전 향수바다를 의지하여 머무르며, 일체 보배 등불 구름이 그 위를 가득 덮었다.
　스무 부처님 세계 미진수의 세계가 둘러싸서 순일하게 청정하며, 부처님 명호는 최승각신통왕이시다.

모든 불자들이여, 이 금강륜장엄 저 향수해를 오른쪽으로 돌아서 다음 향수해가 있으니 이름이 연화인다라망이다.

세계종은 이름이 보현시방영이며, 일체 향 마니로 장엄한 연꽃을 의지하여 머무르며, 일체 부처님의 지혜광명 음성으로 체성이 되었다.

이 가운데 가장 아래쪽에 세계가 있으니 이름이 중생해보광명이다. 그 형상은 마치 진주창고와 같고, 일체

마니 영락바다 소용돌이를 의지하여 머무르며, 물 광명 마니구름이 그 위를 덮었다.

부처님 세계 미진수의 세계가 둘러싸서 순일하게 청정하며, 부처님 명호는 부사의공덕변조월이시다.

이 위에 부처님 세계 미진수의 세계를 지나서 세계가 있으니 이름이 묘향륜이고, 부처님 명호는 무량력당이시다.

이 위에 부처님 세계 미진수의 세

계를 지나서 세계가 있으니 이름이 묘광륜이고, 부처님 명호는 법계광음각오혜이시다.

이 위에 부처님 세계 미진수의 세계를 지나서 세계가 있으니 이름이 후성마니당이고, 부처님 명호는 연화광항수묘비이시다.

이 위에 부처님 세계 미진수의 세계를 지나서 세계가 있으니 이름이 극견고륜이고, 부처님 명호는 불퇴전공덕해광명이시다.

이 위에 부처님 세계 미진수의 세

계를 지나서 세계가 있으니 이름이 중행광장엄이고, 부처님 명호는 일체지보승존이시다.

이 위에 부처님 세계 미진수의 세계를 지나서 세계가 있으니 이름이 사자좌변조이고, 부처님 명호는 사자광무량력각혜이시다.

이 위에 부처님 세계 미진수의 세계를 지나서 세계가 있으니 이름이 보염장엄이고, 부처님 명호는 일체법청정지이시다.

이 위에 부처님 세계 미진수의 세

계를 지나서 세계가 있으니 이름이 무량등이고, 부처님 명호는 무우상이시다.

이 위에 부처님 세계 미진수의 세계를 지나서 세계가 있으니 이름이 상문불음이고, 부처님 명호는 자연승위광이시다.

이 위에 부처님 세계 미진수의 세계를 지나서 세계가 있으니 이름이 청정변화이고, 부처님 명호는 금련화광명이시다.

이 위에 부처님 세계 미진수의 세

계를 지나서 세계가 있으니 이름이 보입시방이고, 부처님 명호는 관법계빈신혜이시다.

이 위에 부처님 세계 미진수의 세계를 지나서 세계가 있으니 이름이 치연염이고, 부처님 명호는 광염수긴나라왕이시다.

이 위에 부처님 세계 미진수의 세계를 지나서 세계가 있으니 이름이 향광변조이고, 부처님 명호는 향등선화왕이시다.

이 위에 부처님 세계 미진수의 세

계를 지나서 세계가 있으니 이름이 무량화취륜이고, 부처님 명호는 보현불공덕이시다.

이 위에 부처님 세계 미진수의 세계를 지나서 세계가 있으니 이름이 중묘보청정이고, 부처님 명호는 일체법평등신통왕이시다.

이 위에 부처님 세계 미진수의 세계를 지나서 세계가 있으니 이름이 금광해이고, 부처님 명호는 시방자재대변화이시다.

이 위에 부처님 세계 미진수의 세

계를 지나서 세계가 있으니 이름이 진주화장이고, 부처님 명호는 법계보광명불가사의혜이시다.

이 위에 부처님 세계 미진수의 세계를 지나서 세계가 있으니 이름이 제석수미사자좌이고, 부처님 명호는 승력광이시다.

이 위에 부처님 세계 미진수의 세계를 지나서 세계가 있으니 이름이 무변보보조이다. 그 형상은 네모이고, 꽃수풀바다를 의지하여 머무르며, 널리 가없는 색의 마니왕을 비 내리는 제석천 그물이 그 위를 가득 덮었다.

스무 부처님 세계 미진수의 세계가 둘러싸서 순일하게 청정하며, 부처님 명호는 변조세간최승음이시다.

모든 불자들이여, 이 연화인다라망 향수해를 오른쪽으로 돌아서 다음 향수해가 있으니 이름이 적집보향장이다.

세계종은 이름이 일체위덕장엄이며, 일체 부처님의 법륜음성으로 체성이 되었다.

이 가운데 가장 아래쪽에 세계가 있으니 이름이 종종출생이다. 형상은 금강과 같고, 갖가지 금강산 깃대를 의지하여 머무르며, 금강 보배 광명구름이 그 위를 덮었다.

부처님 세계 미진수의 세계가 둘러싸서 순일하게 청정하며, 부처님 명호는 연화안이시다.

이 위에 부처님 세계 미진수의 세계를 지나서 세계가 있으니 이름이 희견음이고, 부처님 명호는 생희락이시다.

이 위에 부처님 세계 미진수의 세계를 지나서 세계가 있으니 이름이 보장엄당이고, 부처님 명호는 일체지이시다.

이 위에 부처님 세계 미진수의 세계를 지나서 세계가 있으니 이름이 다라화보조이고, 부처님 명호는 무구적묘음이시다.

이 위에 부처님 세계 미진수의 세계를 지나서 세계가 있으니 이름이 변화광이고, 부처님 명호는 청정공지혜월이시다.

이 위에 부처님 세계 미진수의 세계를 지나서 세계가 있으니 이름이 중묘간착이고, 부처님 명호는 개시복덕해밀운상이시다.

이 위에 부처님 세계 미진수의 세계를 지나서 세계가 있으니 이름이 일체장엄구묘음성이고, 부처님 명호는 환희운이시다.

이 위에 부처님 세계 미진수의 세계를 지나서 세계가 있으니 이름이 연화지이고, 부처님 명호는 명칭당이시다.

이 위에 부처님 세계 미진수의 세계를 지나서 세계가 있으니 이름이 일체보장엄이고, 부처님 명호는 빈신관찰안이시다.

이 위에 부처님 세계 미진수의 세계를 지나서 세계가 있으니 이름이 정묘화이고, 부처님 명호는 무진금강지이시다.

이 위에 부처님 세계 미진수의 세계를 지나서 세계가 있으니 이름이 연화장엄성이고, 부처님 명호는 일장안보광명이시다.

이 위에 부처님 세계 미진수의 세계를 지나서 세계가 있으니 이름이 무량수봉이고, 부처님 명호는 일체법뢰음이시다.

이 위에 부처님 세계 미진수의 세계를 지나서 세계가 있으니 이름이 일광명이고, 부처님 명호는 개시무량지이시다.

이 위에 부처님 세계 미진수의 세계를 지나서 세계가 있으니 이름이 의지연화엽이고, 부처님 명호는 일체복덕산이시다.

이 위에 부처님 세계 미진수의 세계를 지나서 세계가 있으니 이름이 풍보지이고, 부처님 명호는 일요근이시다.

이 위에 부처님 세계 미진수의 세계를 지나서 세계가 있으니 이름이 광명현현이고, 부처님 명호는 신광보조이시다.

이 위에 부처님 세계 미진수의 세계를 지나서 세계가 있으니 이름이 향뢰음금강보보조이고, 부처님 명호는 최승화개부상이시다.

이 위에 부처님 세계 미진수의 세계를 지나서 세계가 있으니 이름이 제망장엄이다. 형상은 난간과 같고, 일체 장엄바다를 의지하여 머무르며, 광명 불꽃 누각구름이 그 위를 가득 덮었다.

스무 부처님 세계 미진수의 세계가

둘러싸서 순일하게 청정하며, 부처님 명호는 시현무외운이시다.

 모든 불자들이여, 이 적집보향장향수해를 오른쪽으로 돌아서 다음 향수해가 있으니 이름이 보장엄이다.
 세계종은 이름이 보무구이며, 일체 미진 가운데 부처님 세계의 신통 변화하는 소리로 체성이 되었다.

 이 가운데 가장 아래쪽에 세계가

있으니 이름이 정묘평탄이다. 형상은 보배 몸과 같고, 일체 보배 광명 바퀴바다를 의지하여 머무르며, 갖가지 전단 마니 진주구름이 그 위를 덮었다.

부처님 세계 미진수의 세계가 둘러싸서 순일하게 청정하며, 부처님 명호는 난최복무등당이시다.

이 위에 부처님 세계 미진수의 세계를 지나서 세계가 있으니 이름이 치연묘장엄이고, 부처님 명호는 연화

혜신통왕이시다.

　이 위에 부처님 세계 미진수의 세계를 지나서 세계가 있으니 이름이 미묘상륜당이고, 부처님 명호는 시방대명칭무진광이시다.

　이 위에 부처님 세계 미진수의 세계를 지나서 세계가 있으니 이름이 염장마니묘장엄이고, 부처님 명호는 대지혜견문개환희이시다.

　이 위에 부처님 세계 미진수의 세계를 지나서 세계가 있으니 이름이 묘화장엄이고, 부처님 명호는 무량력최승지이시다.

이 위에 부처님 세계 미진수의 세계를 지나서 세계가 있으니 이름이 출생정미진이고, 부처님 명호는 초승범이시다.

이 위에 부처님 세계 미진수의 세계를 지나서 세계가 있으니 이름이 보광명변화향이고, 부처님 명호는 향상금강대력세이시다.

이 위에 부처님 세계 미진수의 세계를 지나서 세계가 있으니 이름이 광명선이고, 부처님 명호는 의성선명칭이시다.

　이 위에 부처님 세계 미진수의 세계를 지나서 세계가 있으니 이름이 보영락해이고, 부처님 명호는 무비광변조이시다.

　이 위에 부처님 세계 미진수의 세계를 지나서 세계가 있으니 이름이 묘화등당이고, 부처님 명호는 구경공덕무애혜등이시다.

　이 위에 부처님 세계 미진수의 세계를 지나서 세계가 있으니 이름이 선교장엄이고, 부처님 명호는 혜일바

라밀이시다.

 이 위에 부처님 세계 미진수의 세계를 지나서 세계가 있으니 이름이 전단화보광명이고, 부처님 명호는 무변혜법계음이시다.

 이 위에 부처님 세계 미진수의 세계를 지나서 세계가 있으니 이름이 제망당이고, 부처님 명호는 등광형조이시다.

 이 위에 부처님 세계 미진수의 세계를 지나서 세계가 있으니 이름이 정화륜이고, 부처님 명호는 법계일광명이시다.

이 위에 부처님 세계 미진수의 세계를 지나서 세계가 있으니 이름이 대위요이고, 부처님 명호는 무변공덕해법륜음이시다.

이 위에 부처님 세계 미진수의 세계를 지나서 세계가 있으니 이름이 동안주보련화지이고, 부처님 명호는 개시입불가사의지이시다.

이 위에 부처님 세계 미진수의 세계를 지나서 세계가 있으니 이름이 평탄지이고, 부처님 명호는 공덕보광명왕이시다.

　이 위에 부처님 세계 미진수의 세계를 지나서 세계가 있으니 이름이 향마니취이고, 부처님 명호는 무진복덕해묘장엄이시다.

　이 위에 부처님 세계 미진수의 세계를 지나서 세계가 있으니 이름이 미묘광명이고, 부처님 명호는 무등력보변음이시다.

　이 위에 부처님 세계 미진수의 세계를 지나서 세계가 있으니 이름이

시방보견고장엄조요이다. 그 형상은 팔모이고, 십왕 마니륜바다를 의지하여 머무르며, 일체 보배로 장엄한 휘장구름이 그 위를 가득 덮었다.

스무 부처님 세계 미진수의 세계가 둘러싸서 순일하게 청정하며, 부처님 명호는 보안대명등이시다.

모든 불자들이여, 이 보장엄향수해를 오른쪽으로 돌아서 다음 향수해가 있으니 이름이 금강보취이다.

세계종은 이름이 법계행이며, 일체 보살 지위의 방편법 음성으로 체성이 되었다.

이 가운데 가장 아래쪽에 세계가 있으니 이름이 정광조요이다. 형상은 구슬꾸러미와 같고, 일체 보배색 구슬 영락바다를 의지하여 머무르며, 보살의 진주 상투 광명 마니구름이 그 위를 덮었다.

부처님 세계 미진수의 세계가 둘러싸서 순일하게 청정하며, 부처님 명호는 최승공덕광이시다.

 이 위에 부처님 세계 미진수의 세계를 지나서 세계가 있으니 이름이 묘개이고, 부처님 명호는 법자재혜이시다.

 이 위에 부처님 세계 미진수의 세계를 지나서 세계가 있으니 이름이 보장엄사자좌이고, 부처님 명호는 대용맹이시다.

 이 위에 부처님 세계 미진수의 세계를 지나서 세계가 있으니 이름이

출현금강좌이고, 부처님 명호는 승사자좌연화대이시다.

이 위에 부처님 세계 미진수의 세계를 지나서 세계가 있으니 이름이 연화승음이고, 부처님 명호는 지광보개오이시다.

이 위에 부처님 세계 미진수의 세계를 지나서 세계가 있으니 이름이 선관습이고, 부처님 명호는 지지묘광왕이시다.

이 위에 부처님 세계 미진수의 세계를 지나서 세계가 있으니 이름이

희락음이고, 부처님 명호는 법등왕이시다.

이 위에 부처님 세계 미진수의 세계를 지나서 세계가 있으니 이름이 마니장인다라망이고, 부처님 명호는 불공견이시다.

이 위에 부처님 세계 미진수의 세계를 지나서 세계가 있으니 이름이 중묘지장이고, 부처님 명호는 염신당이시다.

이 위에 부처님 세계 미진수의 세계를 지나서 세계가 있으니 이름이

금광륜이고, 부처님 명호는 정치중생행이시다.

이 위에 부처님 세계 미진수의 세계를 지나서 세계가 있으니 이름이 수미산장엄이고, 부처님 명호는 일체공덕운보조이시다.

이 위에 부처님 세계 미진수의 세계를 지나서 세계가 있으니 이름이 중수형이고, 부처님 명호는 보화상정월각이시다.

이 위에 부처님 세계 미진수의 세계를 지나서 세계가 있으니 이름이

무포외이고, 부처님 명호는 최승금광거이시다.

 이 위에 부처님 세계 미진수의 세계를 지나서 세계가 있으니 이름이 대명칭용왕당이고, 부처님 명호는 관등일체법이시다.

 이 위에 부처님 세계 미진수의 세계를 지나서 세계가 있으니 이름이 시현마니색이고, 부처님 명호는 변화일이시다.

 이 위에 부처님 세계 미진수의 세계를 지나서 세계가 있으니 이름이

광염등장엄이고, 부처님 명호는 보개광변조이시다.

이 위에 부처님 세계 미진수의 세계를 지나서 세계가 있으니 이름이 향광운이고, 부처님 명호는 사유혜이시다.

이 위에 부처님 세계 미진수의 세계를 지나서 세계가 있으니 이름이 무원수이고, 부처님 명호는 정진승혜해이시다.

이 위에 부처님 세계 미진수의 세계를 지나서 세계가 있으니 이름이

일체장엄구광명당이고, 부처님 명호는 보현열의연화자재왕이시다.

　이 위에 부처님 세계 미진수의 세계를 지나서 세계가 있으니 이름이 호상장엄이다. 형상은 반달과 같고, 수미산 마니꽃바다를 의지하여 머무르며, 일체 장엄이 치성한 광명 마니왕구름이 그 위를 가득 덮었다.

　스무 부처님 세계 미진수의 세계가 둘러싸서 순일하게 청정하며, 부처님 명호는 청정안이시다.

모든 불자들이여, 이 금강보취 향수해를 오른쪽으로 돌아서 다음 향수해가 있으니 이름이 천성보첩이다. 세계종은 이름이 등염광명이며, 일체를 널리 보이는 평등한 법륜음성으로 체성이 되었다.

이 가운데 가장 아래쪽에 세계가 있으니 이름이 보월광염륜이다. 형상은 일체 장엄구와 같고, 일체 보배로 장엄한 꽃바다를 의지하여 머무르며, 유리색 사자좌구름이 그 위를 덮었다.

　부처님 세계 미진수의 세계가 둘러싸서 순일하게 청정하며, 부처님 명호는 일월자재광이시다.

　이 위에 부처님 세계 미진수의 세계를 지나서 세계가 있으니 이름이 수미보광이고, 부처님 명호는 무진법보당이시다.

　이 위에 부처님 세계 미진수의 세계를 지나서 세계가 있으니 이름이 중묘광명당이고, 부처님 명호는 대화취이시다.

 이 위에 부처님 세계 미진수의 세계를 지나서 세계가 있으니 이름이 마니광명화이고, 부처님 명호는 인중최자재이시다.

 이 위에 부처님 세계 미진수의 세계를 지나서 세계가 있으니 이름이 보음이고, 부처님 명호는 일체지변조이시다.

 이 위에 부처님 세계 미진수의 세계를 지나서 세계가 있으니 이름이 대수긴나라음이고, 부처님 명호는 무량복덕자재용이시다.

　이 위에 부처님 세계 미진수의 세계를 지나서 세계가 있으니 이름이 무변정광명이고, 부처님 명호는 공덕보화광이시다.

　이 위에 부처님 세계 미진수의 세계를 지나서 세계가 있으니 이름이 최승음이고, 부처님 명호는 일체지장엄이시다.

　이 위에 부처님 세계 미진수의 세계를 지나서 세계가 있으니 이름이 중보간식이고, 부처님 명호는 보염수미산이시다.

 이 위에 부처님 세계 미진수의 세계를 지나서 세계가 있으니 이름이 청정수미음이고, 부처님 명호는 출현일체행광명이시다.

 이 위에 부처님 세계 미진수의 세계를 지나서 세계가 있으니 이름이 향수개이고, 부처님 명호는 일체바라밀무애해이시다.

 이 위에 부처님 세계 미진수의 세계를 지나서 세계가 있으니 이름이 사자화망이고, 부처님 명호는 보염당이시다.

　이 위에 부처님 세계 미진수의 세계를 지나서 세계가 있으니 이름이 금강묘화등이고, 부처님 명호는 일체대원광이시다.

　이 위에 부처님 세계 미진수의 세계를 지나서 세계가 있으니 이름이 일체법광명지이고, 부처님 명호는 일체법광대진실의이시다.

　이 위에 부처님 세계 미진수의 세계를 지나서 세계가 있으니 이름이 진주말평탄장엄이고, 부처님 명호는 승혜광명망이시다.

　이 위에 부처님 세계 미진수의 세계를 지나서 세계가 있으니 이름이 유리화이고, 부처님 명호는 보적당이시다.

　이 위에 부처님 세계 미진수의 세계를 지나서 세계가 있으니 이름이 무량묘광륜이고, 부처님 명호는 대위력지해장이시다.

　이 위에 부처님 세계 미진수의 세계를 지나서 세계가 있으니 이름이 명견시방이고, 부처님 명호는 정수일체공덕당이시다.

이 위에 부처님 세계 미진수의 세계를 지나서 세계가 있으니 이름이 가애락법음이다. 형상은 부처님 손과 같고, 보배 광명 그물바다를 의지하여 머무르며, 보살 몸의 일체 장엄 구름이 그 위를 가득 덮었다.

스무 부처님 세계 미진수의 세계가 둘러싸서 순일하게 청정하며, 부처님 명호는 보조법계무애광이시다."

〈대방광불화엄경 제9권〉

회향송

아차보현수승행
무변승복개회향
보원침익제중생
속왕무량광불찰

시방삼세일체불
제존보살마하살
마하반야바라밀

廻向頌

我此普賢殊勝行
無邊勝福皆迴向
普願沈溺諸眾生
速往無量光佛剎

十方三世一切佛
諸尊菩薩摩訶薩
摩訶般若波羅蜜

大方廣佛華嚴經 — 부록

- 대방광불화엄경 목차

- 간행사

대방광불화엄경 목차

⟨제1회⟩

제1권	제1품	세주묘엄품 [1]
제2권	제1품	세주묘엄품 [2]
제3권	제1품	세주묘엄품 [3]
제4권	제1품	세주묘엄품 [4]
제5권	제1품	세주묘엄품 [5]
제6권	제2품	여래현상품
제7권	제3품	보현삼매품
	제4품	세계성취품
제8권	제5품	화장세계품 [1]
제9권	**제5품**	**화장세계품 [2]**
제10권	제5품	화장세계품 [3]
제11권	제6품	비로자나품

⟨제2회⟩

제12권	제7품	여래명호품
	제8품	사성제품
제13권	제9품	광명각품
	제10품	보살문명품
제14권	제11품	정행품
	제12품	현수품 [1]
제15권	제12품	현수품 [2]

⟨제3회⟩

제16권	제13품	승수미산정품
	제14품	수미정상게찬품
	제15품	십주품
제17권	제16품	범행품
	제17품	초발심공덕품
제18권	제18품	명법품

〈제4회〉

제19권 제19품 승야마천궁품

제20품 야마궁중게찬품

제21품 십행품 [1]

제20권 제21품 십행품 [2]

제21권 제22품 십무진장품

〈제5회〉

제22권 제23품 승도솔천궁품

제23권 제24품 도솔궁중게찬품

제25품 십회향품 [1]

제24권 제25품 십회향품 [2]

제25권 제25품 십회향품 [3]

제26권 제25품 십회향품 [4]

제27권 제25품 십회향품 [5]

제28권 제25품 십회향품 [6]

제29권 제25품 십회향품 [7]

제30권 제25품 십회향품 [8]

제31권 제25품 십회향품 [9]

제32권 제25품 십회향품 [10]

제33권 제25품 십회향품 [11]

〈제6회〉

제34권 제26품 십지품 [1]

제35권 제26품 십지품 [2]

제36권 제26품 십지품 [3]

제37권 제26품 십지품 [4]

제38권 제26품 십지품 [5]

제39권 제26품 십지품 [6]

〈제7회〉

제40권 제27품 십정품 [1]

제41권 제27품 십정품 [2]

제42권 제27품 십정품 [3]

제43권 제27품 십정품 [4]

제44권 제28품 십통품

제29품 십인품

제45권 제30품 아승지품

제31품 수량품

제32품 제보살주처품

제46권 제33품 불부사의법품 [1]

제47권 제33품 불부사의법품 [2]

제48권　제34품　여래십신상해품
　　　　　제35품　여래수호광명공덕품
제49권　제36품　보현행품
제50권　제37품　여래출현품 [1]
제51권　제37품　여래출현품 [2]
제52권　제37품　여래출현품 [3]

〈제8회〉

제53권　제38품　이세간품 [1]
제54권　제38품　이세간품 [2]
제55권　제38품　이세간품 [3]
제56권　제38품　이세간품 [4]
제57권　제38품　이세간품 [5]
제58권　제38품　이세간품 [6]
제59권　제38품　이세간품 [7]

〈제9회〉

제60권　제39품　입법계품 [1]
제61권　제39품　입법계품 [2]
제62권　제39품　입법계품 [3]
제63권　제39품　입법계품 [4]
제64권　제39품　입법계품 [5]
제65권　제39품　입법계품 [6]
제66권　제39품　입법계품 [7]
제67권　제39품　입법계품 [8]
제68권　제39품　입법계품 [9]
제69권　제39품　입법계품 [10]
제70권　제39품　입법계품 [11]
제71권　제39품　입법계품 [12]
제72권　제39품　입법계품 [13]
제73권　제39품　입법계품 [14]
제74권　제39품　입법계품 [15]
제75권　제39품　입법계품 [16]
제76권　제39품　입법계품 [17]
제77권　제39품　입법계품 [18]
제78권　제39품　입법계품 [19]
제79권　제39품　입법계품 [20]
제80권　제39품　입법계품 [21]

간 행 사

　귀의삼보 하옵고,

『대방광불화엄경』의 수지 독송과 유통을 발원하면서 수미정사 불전연구원에서 『독송본 한문·한글역 대방광불화엄경』과 『사경본 한글역 대방광불화엄경』을 편찬하여 간행하게 되었습니다.

『화엄경』은 우리나라에 전래된 이래 일찍부터 사경되고 주석·강설되어 왔으며 근현대에 이르러서는 『화엄경』의 한글 번역과 연구도 부쩍 많이 이루어졌습니다. 그만큼 『화엄경』이 우리 불자님들의 신행과 해탈에 큰 의지처가 되었던 것임을 알 수 있습니다.

『화엄경』을 독송하고 사경하는 공덕은 설법 공덕과 함께 크게 강조되어 왔습니다. 그리하여 수미정사 불전연구원에서도 『화엄경』(80권)을 독송하고 사경하는 데 도움이 되도록 한문 원문과 한글역을 함께 수록한 독송본과 한글역의 사경본 『화엄경』 간행불사를 발원하였습니다. 이 『화엄경』 간행불사에 뜻을 같이하여 적극 후원해주신 스님들과 재가 불자님들께 깊이 감사드립니다. 또한 『화엄경』을 수지 독송할 수 있도록 경책의 모습으로 장엄해 주신 편집위원들과 담앤북스 출판사 관계자들께도 고마움을 표합니다.

　끝으로 이 불사의 원만 회향으로 『화엄경』이 널리 유통되고, 온 법계에 부처님의 가피가 충만하시길 기원드립니다.

　나무 대방광불화엄경

불기 2564년 '부처님오신날'을 봉축하며
수미해주 합장

위태천신(동진보살)

수미해주 須彌海住

동국대학교 명예교수
중앙승가대학교 법인이사
대한불교조계종 수미정사 주지

사경본 한글역
대방광불화엄경 제9권

| 초판 1쇄 발행_ 2021년 1월 24일

| **엮은이**_ 수미해주
| **엮은곳**_ 수미정사 불전연구원
| **편집위원**_ 해주 수정 경진 선초 정천 석도 박보람 최원섭
| **편집보**_ 동건 무이 무진 김지예

| **펴낸이**_ 오세룡
| **펴낸곳**_ 담앤북스
　　　　　서울특별시 종로구 새문안로3길 23 경희궁의 아침 4단지 805호
　　　　　대표전화 02)765-1251　전자우편 damnbooks@hanmail.net
　　　　　출판등록 제300-2011-115호
| ISBN_ 979-11-6201-269-7　04220

이 책은 저작권 법에 따라 보호받는 저작물이므로 무단전재와 복제를 금합니다.
이 책 내용의 전부 또는 일부를 이용하려면 반드시 저작권자와 담앤북스의 서면 동의를 받아야 합니다.

정가 10,000원
ⓒ 수미해주 2021